Guida su come sedurre le donne

CONSIGLI ED ESEMPI SU COME AVERE UNA FIDANZATA, ANCHE SE SEI TIMIDO

E IMPACCIATO

_____

Caroline Morel

Copyright © 2022

INDICE

Indice 2
Introduzione 4
1. Quali donne puoi rimorchiare? 6
2. Cos'è che piace alle donne in un uomo? 10
    Essere rilassati 16
    Sapere come vestirsi 18
3. Dove incontrare le donne? 20
    In strada 20
    Sull'autobus, in metropolitana... 21
    In un ristorante 21
    Il supermercato 24
    Nei negozi 25
    Nei musei 26
    Nei corsi e nelle scuole 27
    La spiaggia 28
    Nei parchi pubblici 29
    Nelle discoteche, nei disco club 29
    Ovunque 30
4. Il primo contatto 31
5. Cosa diciamo dopo? 41
    La magia del desiderio 42
    È la donna della tua vita? 43
    È unica 44
    L'arte di piacere 45

    Di cosa parlare?.. 46

    Essere un buon ascoltatore 47

    Come concludere? 49

6.   Consigli, riflessioni, problemi di strategia… 52

    Segnali delle donne.. 53

    Si raccoglie ciò che si semina 55

7.   Conclusione 57

8.   Bonus: 82 IDEE ROMANTICHE 58

INTRODUZIONE

Perché mai scrivere un libro su questo argomento di cui tutti parlano praticamente da sempre? La seduzione non è un talento naturale, ossia qualcosa con cui si è nati, che hai nel sangue, una volta per tutte?

Quindi, o c'è oppure meglio dimenticarsene, dato che non l'avremo mai?

Beh, la risposta secca è no! La seduzione è qualcosa che si può imparare, proprio come la musica o la conoscenza di una lingua straniera! Inoltre, se, come spero, applicherai i pochi (ma infallibili) segreti contenuti in questo piccolo ma esaustivo libro (un vademecum indispensabile), te ne renderai presto conto, a tuo beneficio!

Posso anche dire, per coloro che sono interessati, che puoi incontrare almeno una nuova donna al giorno. Questo ti lascia scettico? Ti sembra incredibile?

È semplicemente la verità assoluta.

Ma, prima di entrare nel vivo della devo fare una piccola precisazione.

Non ho alcuna obiezione a che il lettore usi i segreti di questo libro per possedere una nuova donna ogni giorno.

Ma non si tratta di questo. Quello che sto cercando di fare è aiutare gli uomini che, per una ragione o per l'altra, non incontrano le donne o che hanno avuto successivi fallimenti con loro, a rompere il circolo vizioso della loro solitudine.

Voglio promuovere il contatto tra uomini e donne. Perché non c'è niente di più naturale. A proposito, ricorda che prendere il primo contatto con una donna non significa necessariamente portarsela a letto quella notte.

Potrebbe esserci molto di più alla fine della linea. Un'amicizia meravigliosa. Tenerezza reciproca. Un contatto che potrebbe esserti utile a livello professionale. Un semplice scambio di idee che ti permetterà di passare una piacevole serata e di crescere socialmente. E chissà, forse, alla fine, c'è anche l'amore. Il vero amore, quello che la maggior parte delle persone sta cercando.

Purtroppo, troppo spesso nella vita ci sono occasioni perse, incontri che non avvengono mai, semplicemente per colpa nostra. Per quella donna che hai incontrato ieri per strada, quella donna assolutamente bella che hai seguito timidamente da lontano e che non hai osato avvicinare nonostante forse un sottile sorriso di incoraggiamento, chissà, forse era la donna della tua vita, con cui avresti potuto avere una grande storia d'amore. Forse era una donna con la quale avresti avuto una relazione meravigliosa. E potresti non vederla mai più.

È infinitamente meglio provare rimorso per essere stati rifiutati che provare rimpianto per non averci provato. Almeno nel primo caso, avrai la coscienza pulita. E forse anche un affare di cuore...

Eppure, niente è più facile che sedurre una donna, o flirtare come diciamo oggi. Quando sai come fare. E questo è ciò che intendo mostrarti.

1. Quali donne puoi rimorchiare?

Questa è una domanda fondamentale alla quale mi affretto a dare una risposta. Semplice. Tutte le donne. Non importa la loro età o condizione. Ricco o povero. Famoso o completamente sconosciuto. Insegnanti, infermiere, commesse, dattilografe. Single, divorziato... Non lo dico solo per incoraggiarti. È la verità assoluta.

Devo dirti una cosa: i tempi sono cambiati molto negli ultimi venti anni. Non molto tempo fa, era raro per una donna fare l'amore prima di sposarsi. Quelli che lo facevano, lo facevano con molta discrezione e non ne facevano una dimostrazione.

Non l'hanno fatto e rischiavano di farsi una pessima reputazione... Ora la maggior parte delle donne inizia a fare sesso in età molto giovane e non si preoccupa di sposare il proprio amante.

Molte donne sono amanti della libertà e non vogliono prendere un vero impegno, preferendo investire la maggior parte delle loro energie nel perseguire una carriera. La maggior parte delle donne moderne sono finanziariamente indipendenti, il che le rende libere in molti modi, anche fisicamente.

E poi, l'arrivo della pillola contraccettiva ha ridotto notevolmente se non eliminato completamente la paura di una gravidanza indesiderata. In molti modi, quindi, le donne sono ora più libere. E altri disponibili.

E, proprio come gli uomini, cercano l'amore ogni giorno.

Ce ne sono migliaia, ogni giorno, che camminano per le strade... Ma chi sono tutte queste donne? Dove stanno andando? A quale appuntamento? Se i loro cuori sono liberi, allora i loro corpi sono in palio, e mi sembra che non ho il diritto di lasciar passare l'occasione.

Ti dirò la verità: vogliono la stessa cosa che voglio io, vogliono amore. Tutti vogliono amore. Tutti i tipi di amore. Amore fisico e amore sentimentale, o anche solo la tenerezza disinteressata di qualcuno che ha scelto qualcun altro per la vita e non guarda più nessuno. Non ci sono, guardo tutti.

Tuttavia, anche se la maggior parte delle donne pensano all'amore quotidianamente e si divertono ad essere provate, potrebbero non ammetterlo. Potrebbero essere fredde e riluttanti all'inizio. La maggior parte vive nella paura di essere vista come facile. Non odiano quando gli uomini si prendono un po' di disturbo prima di concedere loro i loro ultimi favori. Ma c'è una cosa importante che dovresti ricordare e che rimuoverà tutte le tue esitazioni e paure: non solo tutte le donne sono disposte a farsi picchiare, ma lo adorano.

Infatti, la prova migliore di questo è che il contrario li preoccupa e li deprime. Le donne sono sempre felici di poter dire alla fine della giornata che sono state avvicinate da uno sconosciuto che le ha affascinate o che un uomo le ha invitate a bere qualcosa o ha offerto loro un passaggio.

Potrebbero non ammettere apertamente di avere avuto un colpo di fulmine, dato che il termine è abusato e ripugnante per alcune donne. Diranno che hanno incontrato qualcuno per caso, che un uomo si è offerto di portare la loro borsa della spesa, che li ha aiutati a parcheggiare la loro auto. Tutte cose perfettamente innocenti in superficie. È solo una questione di nomenclatura.

Ma nella maggior parte dei casi, ovviamente, l'uomo che si è offerto di portare una borsa pesante alla donna ci stava semplicemente provando con lei. Molto educatamente, molto civilmente, ma ci stava provando con lei lo stesso.

Infatti, a volte è sorprendente quanto sia facile sedurre una donna. Anche una donna che non solo non sembra libera, ma in realtà non lo è.

***

Ma, a volte, devi fare una ritirata strategica, facendo un passo indietro per poterne fare due in avanti. Questo può avere un effetto tremendo. La donna era lusingata dalla tua prima aggressione. Ma lei ha rifiutato di cedere alle tue avances. Falle capire che non è la fine del mondo, che non ti ucciderà, che la troverai ancora simpatica. Questo è quello che succede molto spesso. La donna è stata lusingata dal tuo corteggiamento. Ora non fai nulla. Sei in folle. Spesso inizia a chiedersi.

La tua amichevole neutralità la infastidisce. Forse non gli piaccio davvero, pensa. Perché si è fermato così presto? Questo può sembrare assolutamente contraddittorio, dato che ti ha appena detto che preferisce che tu smetta di provarci. Ma le cose stanno così.

Il desiderio è probabilmente la cosa più contraddittoria del mondo. Spesso la donna cercherà di prenderti, di non lasciarti andare. Vorrà riprendere in mano la situazione. Lasciala fare. È probabile che sia molto più abile di te e che raggiunga rapidamente i suoi scopi, che per un'incredibile coincidenza sono anche i tuoi. Parleremo di questo più tardi.

Ricorda questo. Quando vuoi flirtare, non escludere nessuna donna a priori. Non le sedurrai tutte, perché l'attrazione deve essere reciproca. Ma saresti sciocco a non tentare la fortuna.

Anche le donne che sembrano essere emotivamente felici e che, per definizione, dovrebbero essere conquiste difficili, sono sensibili alla seduzione. Pensa anche a Madame Bovary. Quante donne sono come lei, anche oggi. Le strade sono piene di Emma Bovary. Sta a te giocare la carta giusta.

C'è un'altra cosa che dovresti considerare e a cui la maggior parte degli uomini non pensa mai, proprio perché sono uomini. Non solo le donne amano essere approcciate, ma molte di loro mi hanno detto che vorrebbero che gli uomini le approcciassero di più.

Non solo è nella natura di una donna compiacere, con tutti i suoi vestiti e trucchi orientati a questo scopo, ma dalla loro educazione sono generalmente condannate a non essere in grado di fare la prima mossa e ad aspettare che sia l'uomo a farlo. Anche loro si innamorano a prima vista, per strada, in un bar, sull'autobus, ecc. e il loro più grande desiderio, quando vedono un uomo che gli piace, è che lui ci provi con loro.

2. Cos'è che piace alle donne in un uomo?

Questo è quello a cui volevo arrivare, come forse hai già intuito. Molti uomini hanno paura di avvicinarsi alle donne perché non pensano di essere abbastanza belli.

Questo è molto triste. Perché fortunatamente per noi uomini, le donne sono molto meno superficiali. Gli uomini sono generalmente molto attratti dall'aspetto fisico, dalla bellezza del viso, dal seno, dalle gambe. È stato condotto un sondaggio negli Stati Uniti su 3.000 donne. La domanda che è stata posta a queste donne era: "Cosa c'è in un uomo che ti attrae in primo luogo?

Sorprendentemente, la maggioranza ha risposto con personalità.

Il secondo aspetto più importante sono gli occhi e la figura.

Poi, ancora più sorprendente (ma non così tanto se ammetti che le donne hanno la stessa mentalità sessuale degli uomini), le natiche.

La stragrande maggioranza non menziona nemmeno il fatto che l'uomo deve essere alto due metri, avere grandi occhi blu, essere un atleta consumato e guidare una Jaguar, e naturalmente viaggiare costantemente per il mondo come CEO di una multinazionale. Questo, sarai d'accordo, è un vantaggio innegabile.

Gli uomini dovrebbero smettere di avere complessi e di temere il commercio delle donne, perché, per esempio, hanno i loro nasi un po' troppo lunghi, o rivolti all'insù, perché non pensano di essere abbastanza alti, la loro pelle non è perfetta, o sono ossessionati dall'inizio della calvizie.

Ciò che piace alle donne in un uomo è la sua intera personalità, il modo in cui si muove, il modo in cui parla, quella cosa indefinibile chiamata fascino. Si crede generalmente che il fascino sia qualcosa di naturale con cui si nasce, in dosi maggiori o minori. È vero che alcune persone nascono con uno straordinario fascino naturale.

Ci sono esempi famosi, il più illustre dei quali è probabilmente Rudolph Valentino. Bisogna tener presente, tuttavia, che il fascino di alcune star del cinema è in parte fabbricato, se non fabbricato, e che le donne spesso soccombono ad esso da lontano, e in anticipo, senza aver mai incontrato il loro idolo.

Tuttavia, una cosa è certa, contrariamente a ciò che si crede generalmente, il fascino può essere acquisito, grazie a tecniche particolari e segrete che ti indicherò nei capitoli successivi. Queste tecniche, se almeno le pratichi seriamente per mezz'ora al giorno, ci daranno una grazia speciale, una sorta di inquietante aura magnetica che agisce non solo sulle donne ma anche sugli uomini.

La sicurezza, la fiducia, la presenza agli altri e al momento, la forza di concentrazione che ci danno possono trasformare la tua vita. Ma non esageriamo, tornerò su questo argomento più tardi.

La personalità, l'immagine complessiva che un uomo proietta è quindi molto più decisiva della bellezza plastica nel piacere alle donne.

Un esempio? Ce ne sono molti. Sapevi, per esempio, che Woody Allen è considerato uno dei più importanti "sex symbol" degli Stati Uniti? Supera persino attori come Robert Redford negli indici d'amore delle donne americane. Eppure, se qualcuno ha un fisico poco attraente, quello è lui. In termini di bellezza classica, con i suoi occhietti tristi che non sono abbelliti dai suoi pesanti occhiali, la sua fronte già notevolmente stempiata e il suo corpo magro, è molto indietro rispetto a Jean-Louis Trintignant e Jean- Paul Belmondo.

Entrambi hanno almeno un aspetto sportivo e una certa vitalità. Woody Allen sembra un nevrastenico e ammette di essere depresso la maggior parte del tempo, consolandosi con il fatto che questo è il momento in cui è più divertente e trova la sua migliore battuta.

Ma immagina le possibilità che ti lascia. Se Woody Allen è riuscito, probabilmente suo malgrado, a diventare un sex symbol, se migliaia di donne probabilmente molto belle e sexy sognano di averlo nel loro letto, allora chiunque può flirtare con successo.

Certo, potresti dire che è famoso, milionario e regista, il che gli permette di ottenere molte giovani starlette che sperano in ruoli nei suoi film. E alcuni, me compreso, lo considerano un genio. Il suo umorismo è irresistibile sullo schermo e senza dubbio con le donne.

L'umorismo è una delle risorse più sicure per sedurre le donne. Se riesci a far ridere una donna", disse Stendhal, "è già per metà nel tuo letto. "Ma è lontano dall'essere bello. È a malapena potabile. Ed è diventato un sex symbol.

Gli standard di bellezza di oggi sono cambiati drasticamente. Nel caso della bellezza classica, la perfetta regolarità dei tratti non è più un criterio

Quante volte senti qualcuno, uomo o donna, dire: "Lui (o lei) non è particolarmente carino ma ha qualcosa". Puoi ottenere quel "qualcosa". Infatti, ce l'avete già, tutti voi. È dentro di te, più o meno profondamente sepolto. Come un potere nascosto che non si è manifestato. Sta a te farlo esplodere e usarlo. Vedremo più tardi come.

Quindi ciò che conta, molto più della bellezza plastica, è l'impressione totale, ciò che emani, che dipende dalla vera bellezza, la bellezza interiore. Probabilmente non sei soddisfatto del tuo aspetto fisico. Non preoccuparti. La maggior parte delle persone sono purtroppo come te. Nessuna ragione. Tu sei unico. Puoi esprimere la tua bellezza, che può essere diversa dai paragoni che la società ti ha inculcato, ma che non è meno reale.

Inoltre, la bellezza classica non è necessariamente un vantaggio in sé. Sapevi che molte donne sono diffidenti? Possono ammirare un bell'uomo, ma sono spesso intimidite dalla bellezza troppo perfetta. Ne rifuggono. Spesso lo associano ad un'inevitabile frivolezza e preferiscono non farsi coinvolgere da un uomo che le tradirà alla prima occasione. Pensa a questo. È un vantaggio. Questo principio ha un corollario, in un certo senso. Molti uomini credono che le donne molto belle siano irraggiungibili, specialmente se loro stessi non sono così belli. Beh, saresti sorpresa di quanto la bellezza possa essere un handicap per le donne. Lascia che ti dia un caso di studio. Un'esperienza personale.

Non esitare mai a conoscere una donna semplicemente perché è una donna molto bella. Arriverei persino a dire che, in un certo senso, è più facile compiacere le donne molto belle. Dirai che sto esagerando, che sto esagerando un po'. Ma aspetta. Dico questo perché le donne molto belle possono ispirarti di più. Se ti piacciono di più, sarai più entusiasta di loro, il tuo corteggiamento sarà più sincero, il tuo desiderio sarà più forte. E il desiderio è contagioso e spesso irresistibile.

Devi tenere a mente quest'altro punto. Molte donne molto belle non pensano di essere sinceramente belle. Sono spesso estremamente critici con se stessi. Trovano piccoli difetti in se stessi, che esagerano. Si preoccupano della loro bellezza. Quindi hanno costantemente bisogno di essere rassicurati, di sentirsi dire che sono belli, di ricordarselo. Ecco perché sei lì. In futuro, non dovresti mai avere paura di approcciare una donna che pensi sia troppo bella. Ricorda che la fortuna favorisce gli audaci.

A proposito del tuo aspetto, c'è un altro punto da ricordare. Come le belle donne, sei generalmente molto più duro con te stesso di quanto lo siano gli altri. Siamo spesso fissati su un particolare difetto, mentre le persone, quando ci incontrano, vedono solo l'insieme, sono influenzate dall'impressione generale.

Vedono una persona. Per convincerti di questo, devi solo pensare al modo in cui tu stesso percepisci gli altri uomini o donne. Ti renderai conto che di solito si guarda l'intero quadro, l'impressione dell'intera personalità. Quindi perché le persone dovrebbero comportarsi diversamente con te?

Anche se l'aspetto è per certi versi secondario, questo non significa che dovresti trascurarlo. Ci sono aspetti del tuo aspetto su cui hai un certo controllo. Il sondaggio del pubblico americano sulle preferenze femminili ha rivelato che alla maggior parte delle donne piace un uomo magro.

Questo non è sorprendente. Anche tu hai una preferenza per la donna magra, almeno in generale. Essere magri è essere giovani. È una forma di eleganza accessibile a quasi tutti. In ogni caso, un uomo magro appare sempre più elegante alle donne. Se hai qualche chilo in più, cerca di essere un po' più moderato a tavola e fai più esercizio. Questo migliorerà il tuo aspetto generale. Avrai più energia. Più energia. Sarai più positivo. La tua carnagione passerà da spenta a rosea.

I tuoi occhi saranno più radiosi. Ti sentirai fresco e felice. Essere in forma significa essere eleganti. La gente ammira sempre qualcuno che è in buona forma. L'esercizio fisico è accessibile a tutti. Non avere paura di farlo. E lo sport di solito offre eccellenti opportunità per incontrare persone del sesso opposto.

Un'ultima parola sul cibo. Ricorda che gli occidentali generalmente mangiano troppo. Il doppio di quanto dovremmo. E purtroppo ci stiamo scavando la fossa con i denti. Quindi riduci la quantità che mangi. Non solo sarai più snello, il che ti renderà sicuramente più popolare con le donne, ma ti darà un'impressione fisica completamente nuova. Soprattutto se riduci la carne. Scegli il pesce rispetto alla carne, la carne bianca rispetto alla carne rossa e limitati a tre o quattro pasti di carne a settimana. Non mangiare mai due pasti di carne al giorno. Puoi trovare le tue proteine in molti altri alimenti. Un digiuno settimanale, o un giorno di solo succo, ha anche un effetto eccellente sul corpo, sia fisicamente che nervosamente.

La tua prima lezione di fascino è questa: mangia frugalmente. La tua carnagione si schiarirà, sentirai una nuova energia scorrere nel tuo corpo, i tuoi occhi diventeranno più luminosi, il tuo pensiero più vivido. Provalo. Dopo solo una settimana sentirai una trasformazione.

Naturalmente, tieni sempre presente che la tua dieta dovrebbe rimanere equilibrato, anche se è più leggero. Ricorda che siamo ciò che mangiamo. Mangia leggero, ti sentirai leggero, sentirai un nuovo buon umore venire su di te, continuamente, e il tuo fascino su ciò che ti circonda sarà aumentato.

Essere rilassati

Viviamo in un mondo di estremo stress e tensione. Le persone hanno fretta e sono nervose. Puoi guadagnare molto praticando il rilassamento. Segui un corso di yoga o un corso di training autogeno. Vai su www.auto-hypnose.com. Oppure prendi uno dei tanti libri nelle librerie. Ricorda le rare occasioni in cui hai incontrato una persona veramente rilassata. Nel nostro secolo frenetico, questo è una sorta di balsamo. Una persona rilassata fa sempre una buona impressione. La loro calma ti fa sentire sicuro di te. Sei più sensibile ai suoi argomenti, ti convinci più facilmente. La calma è di per sé un fascino e seduce più di quanto pensi.

Potresti obiettare che il tuo problema principale con le donne è proprio il nervosismo o la timidezza. Beh, questo può essere corretto. Pratica il rilassamento ogni giorno, un rilassamento completo. Sarai sorpreso da quanto velocemente arriveranno i risultati. A proposito, un piccolo consiglio. Se in una particolare situazione ti senti molto nervoso, prova a fare dieci respiri profondi e prolungati. Sarai sorpreso dai risultati. Solo dieci respiri profondi. Venti, se ne hai il tempo. Questo è inaudito.

Il nuoto è un ottimo modo per rilassarsi ed è un perfetto complemento al rilassamento yogico. Ogni volta che ne hai la possibilità, salta in una piscina e fai qualche giro. L'effetto massaggiante e tonificante dell'acqua è straordinario. È un esercizio completo che ha il vantaggio di non sforzare alcun muscolo o articolazione, come purtroppo accade con altri sport. Il nuoto ha anche un effetto psicologico incredibile. Calmante. Non dimenticare che il primo ambiente in cui ti sei evoluto era acquatico. Il grembo materno. Il nuoto, in un certo senso, ti riporta in quell'ambiente ideale. Molti grandi uomini hanno intrapreso o stanno intraprendendo il nuoto. Il presidente Kennedy nuotava regolarmente. Napoleone ha trovato il relax nella sua vasca da bagno.

Naturalmente, un certo nervosismo può essere attraente per le donne. Gli stupidi famosi hanno sedotto molti cuori. Basta pensare a Woody Allen, che abbiamo menzionato prima. Ma in generale, una persona rilassata è più attraente e, soprattutto, ha più probabilità di essere notata e apprezzata, anche solo per contrasto con chi lo circonda.

Sapere come vestirsi

È un dettaglio a cui gli uomini non pensano abbastanza spesso, ma a cui le donne danno grande importanza, in realtà molto più grande di quanto pensiamo. Ti sei mai innamorato (probabilmente è una parola forte) o piuttosto sei stato attratto o sedotto da un semplice dettaglio nell'abbigliamento di una donna? Per esempio, pompe molto eleganti? O pantaloni ben aderenti? Un semplice paio di jeans? O semplicemente un cerchietto che circonda meravigliosamente una fronte poetica? Senza dubbio. C'è un feticista in ogni uomo che dorme più o meno.

Beh, lo stesso vale per le donne. In genere passano tre volte più tempo degli uomini a vestirsi. Pensa a questo. E non esitare a prestare un po' più di attenzione a come ti vesti. Vestito sexy. Non aver paura di indossare colori appariscenti, abiti stravaganti, rispettando la tua personalità, ovviamente.

Sarai notato. Sarai più attraente. Forse i nuovi stivali che compri ti faranno vincere molte conquiste. O forse sarà una camicia molto sportiva, in colori vivaci. Non aver paura di osare. Paga bene.

Le donne odiano gli uomini che si vestono in modo noioso ed eccessivamente convenzionale. Non dimenticare che il vestito è in qualche modo un riflesso della tua personalità. Se tu dimentichi questo, le donne non lo fanno. In conclusione, ricorda che flirtare è vendere qualcosa, un prodotto che guarda caso sei tu.

L'imballaggio non è tutto, ma è importante. Rendilo attraente. Metti tutte le possibilità dalla tua parte. Se il prodotto dietro la confezione è buono, tanto meglio.

3. Dove incontrare le donne?

Così come tutte le donne possono in linea di principio essere provate, tutti i posti sono buoni per stabilire un contatto. Ci sono quindi innumerevoli posti dove andare. Una volta che l'avrai provato, sarai stupito di quanto sia facile avere successo ovunque tu vada.

In strada

Inizierò con la strada, perché di solito è il primo posto dove vai quando esci da casa o dall'ufficio. Alcune persone obietteranno che questo non viene fatto... Si sbagliano.

Oggi, non solo si fa, ma è molto efficace. Inoltre, ha un lato avventuroso e romantico che piace molto alle donne. Se vedi una donna che ti piace sul marciapiede, non esitare ad avvicinarla. Vedremo nel prossimo capitolo cosa puoi dirle. Se la vedi e ti piace, sorridile. Se risponde, non esitare ad avvicinarla. Se non hai il coraggio di avvicinarla per strada, seguila.

Forse entrerà in un ristorante o in un negozio dove sarà più facile per te avvicinarla.

Devo confessare che ho fatto personalmente diverse conquiste in strada. Alle donne piace l'audacia che ci vuole per un uomo che si avvicina a lei in quel modo. Spesso ti ricompensano per questo.

Sull'autobus, in metropolitana...

Anche il trasporto pubblico è un posto eccellente. Se vedi un posto vuoto vicino ad una bella donna, non esitare a sederti. Dopo tutto, sei in un luogo pubblico. Inizia una conversazione. Chiedile dove scendere per andare in un posto particolare. Se stai aspettando l'autobus o la metropolitana, nella stessa coda, non esitare a rompere il ghiaccio.

Controlla il tuo orologio come se fossi di fretta o in ritardo. Chiedi alla donna se pensa che l'autobus o la metropolitana ci metteranno molto ad arrivare. Usa questa opportunità per farle dei complimenti. Dille che aspettare con lei è meno noioso, che sei fortunato a trovare qualcuno affascinante come lei. Chiedile informazioni.

In un ristorante

Anche i ristoranti sono ottimi posti per incontrarsi. Soprattutto all'ora di pranzo. Avrai già notato che molte donne pranzano da sole. Nella mia esperienza, e con mia grande sorpresa, ho scoperto che pochissime donne non vogliono che un uomo si unisca a loro per il pranzo. Sta tutto nel modo in cui lo chiedi. Amichevole. Educatamente. Questa è la chiave.

Puoi semplicemente dire: "Anche io sono solo, posso condividere il tuo pasto? Odio mangiare da solo.

Puoi aggiungere con un sorriso: "Mi è stato detto che fa molto male alla digestione. O qualcosa di simile, come: "È molto più bello mangiare in piacevole compagnia".

Se entri in un ristorante e vedi una donna seduta da sola ad un bancone, o se i tavoli sono molto vicini (a volte si toccano, il che permette al proprietario di far sedere più clienti, ma crea anche un'atmosfera che incoraggia le persone ad incontrarsi e dà al ristorante una buona reputazione), non esitare e siediti accanto a lei. Puoi poi chiederle se è la prima volta che viene al ristorante.

Che lei dica sì o no, tu vinci sempre. Se lei dice di no, fai finta di essere già stato lì e dai un suggerimento sul menu. Questo è un eccellente "antipasto". Se lei dice di sì, fai finta di aver appena scoperto il ristorante e chiedi un suggerimento. Probabilmente sarà felice che tu l'abbia consultata in questo modo.

Parlando di ristoranti, ce ne sono alcuni che sono famosi per gli appuntamenti. Vai da loro. Dai al maître una mancia generosa. Si ricorderanno di te. E non esitare a dirgli che vuoi un posto vicino ad un tavolo dove è seduta una donna attraente, da sola o con un'amica. Questo diventerà rapidamente una convenzione, una sorta di complicità tra voi e lui sarà felice di riservarti i tavoli migliori. Non dimenticare la mancia. È il principio di Pavlov. Crea un riflesso condizionato in lui. Sarà il tuo alleato.

Nei ristoranti, c'è anche una pratica abbastanza comune di offrire una bevanda a distanza, una bevanda che viene portata dal cameriere, spesso accompagnata dalla sua carta. Questo non è male. Tuttavia, è un po' logoro e non è chiaro se la donna che ha accettato il tuo drink vorrà andare oltre.

Generalmente, le donne sono troppo educate per restituire la bevanda offerta loro, ma sentono che questo non le impegna in nulla. Che, ammettiamolo, hanno assolutamente ragione. Sarebbe troppo facile.

Personalmente penso che un approccio diretto sia meglio. Almeno sai da che parte stai. Sul biglietto da visita che accompagna il bicchiere, puoi scrivere una piccola nota che può accelerare le cose.

Penso che un piccolo complimento allegato ad una richiesta sia appropriato. La formulazione dipende da te. Puoi usare l'ispirazione del momento. Potrebbe essere qualcosa come: "I tuoi occhi sono belli. Mi concederesti il piacere di ammirarli più da vicino?

O più direttamente e appassionatamente: "Desidero conoscerti. Posso unirmi a te?"

O lo stile enigmatico: "Non ci siamo già incontrati a Roma due anni fa?

C'è qualcosa di sottilmente lusinghiero in questa domanda. Se glielo chiedi, sembra una donna che viaggia. Per inciso, ti stai lusingando da solo. Le stai dicendo che sei un uomo che viaggia anche. Naturalmente, dovresti scegliere preferibilmente una città dove sei già stato. Tuttavia, questo non è obbligatorio. L'importante è stabilire un contatto.

Dopo di che si improvvisa, come generalmente siamo tutti condannati a fare in questo mondo. Ho detto prima che il trucco del vetro non è nuovo, ma questo non significa che non sia efficace. Probabilmente otterrai risultati sorprendenti. Certamente, alle donne non vengono offerti drink come questo tutti i giorni, quindi questo le eccita. Ha un'atmosfera romantica. È un po' come nei film.

IL SUPERMERCATO

Sto esagerando un po', potresti dire. Al contrario, è fantastico. Le donne pensano all'avventura ovunque, specialmente in un posto così banale e quotidiano come un supermercato. L'effetto sorpresa sarà ancora più grande.

E soprattutto, può essere fatto in un modo molto semplice e molto innocuo. Inoltre, il solo fatto che tu faccia la spesa da solo può piacere a molte donne che penseranno immediatamente che non sei un macho, che credi nell'uguaglianza dei due sessi dato che non disprezzi un tale compito domestico.

Ci sono molte opportunità per approcciare una donna in un supermercato. Al banco della verdura, puoi chiederle, per esempio, dove diavolo hanno messo il crescione, che non si trova da nessuna parte. Oppure puoi chiedere un consiglio su quale prodotto comprare.

Se lei sta cercando di raggiungere un oggetto sullo scaffale più alto e le sue dimensioni lo rendono difficile da fare, ti precipiti ad aiutarlo. Alla cassa, in coda, potresti lamentarti del tempo di attesa. Una cosa è certa, non trascurare i supermercati. Vedrai, avrai il tuo lavoro da fare...

Nei negozi

I negozi sono luoghi dorati. Non ci sono solo i clienti, ma anche le commesse, molte delle quali sono molto carine. Il vantaggio con loro è che sono obbligati a risponderti.

La maggior parte dei clienti sono di fretta, impazienti e piuttosto secchi con le commesse. Se sei cortese, se chiacchieri con lei, fai qualche battuta, lei sarà contenta. La tua presenza è rinfrescante. Sei un cambiamento rispetto ai vecchi che la assillano tutto il giorno.

Non esitare a chiederle la sua opinione. Ne sarà lusingata. Puoi chiederle di consigliarti sull'acquisto di un regalo per tua sorella o per tua madre, quest'ultima è preferibile, dato che la prima può sembrare un po' sospetta. La cosa bella dei commessi è che devono parlare con noi e dedicarci il loro tempo. Questa è la cosa meravigliosa.

Un altro reparto che è eccellente è quello dell'abbigliamento maschile. Scegli i vestiti per te e chiedi suggerimenti alla commessa. Chiedile cosa ti sta bene. Dille che apprezzi molto un'opinione femminile.

Con le clienti donne, puoi usare una tattica simile. Se la commessa non è nelle vicinanze e una bella donna si trova vicino a te, non esitare a chiedere la sua opinione. L'anno scorso ho incontrato una donna squisita che utilizzava questa tecnica. Le ho semplicemente chiesto nel modo più semplice possibile: "Mi scusi se la disturbo, signorina, ma ho un grosso problema, forse lei può aiutarmi? "(C'è qualcosa di rassicurante nel chiedere un favore.

Questa è una cosa che poche donne oseranno rifiutarti a meno che non siano totalmente incivili. Questo ha il vantaggio di non impegnarsi in nulla. La donna non si sente colpita. Anche se ce l'ha ed è felice, non la fa stare male. Un dettaglio cruciale con molte donne). Bene, ci penso io. Forse potresti aiutarmi", ho detto. Non riesco a decidere tra questa cravatta o quella cravatta, questa camicia o quella camicia... (opzionale ovviamente).

Non ti dirò il resto. Non mi crederesti mai. Penserai che sto cercando di ritrarmi come un seduttore irresistibile. Infatti, questa donna stava facendo shopping perché era annoiata. Si sentiva triste. Stava inconsciamente cercando l'anima che l'avrebbe confortata. Puoi essere sicuro che ci sono innumerevoli donne come lei.

NEI MUSEI

Molte donne visitano i musei, specialmente nel pomeriggio, per le stesse ragioni. Sono annoiati. Naturalmente, ci sono veri amanti dell'arte. Ma anche loro possono annoiarsi. La cosa migliore da fare è semplicemente fermarsi davanti ad un quadro che la donna sta guardando e lasciare un commento. Ce ne sono diversi tipi. Può essere: "Non capisco come Gauguin abbia potuto diventare famoso con tali dipinti. "

Se è una specialista di Gauguin, puoi essere sicuro che reagirà. Probabilmente seguirà una discussione. Per quanto riguarda il resto, non c'è bisogno di farti un disegno, vero? Hai rotto il ghiaccio, questo è ciò che conta. Puoi anche chiedere, in modo più neutrale: "Cosa ne pensi di questo quadro? Oppure, "Di che periodo è questo dipinto, diciamo, Picasso?

Naturalmente, se lei è totalmente ignorante, potresti metterla in imbarazzo. Ma poi lei potrebbe pensare che tu ne sappia un po', se puoi fare queste domande, e potresti interessarla. Puoi anche dire: "Non capisco niente di questo quadro. Dove pensi che il pittore volesse arrivare?"

Probabilmente non capirà subito dove vuoi arrivare. Costruirai la sua fiducia. Vai per piccoli tocchi successivi. È ovvio che gli incontri che farai in un museo saranno di un tipo diverso da quelli che puoi fare per strada. Quindi dipende dal tipo di donne che stai cercando.

NEI CORSI E NELLE SCUOLE

Non entrerò troppo nei dettagli delle scuole. Prima ti ho fatto un esempio in cui ho conquistato un compagno di classe nelle mie lezioni di tedesco. Le donne si sentono sicure in un ambiente del genere e poiché c'è un interesse comune, rende le cose molto più facili. Nelle discussioni di gruppo che spesso hanno luogo in classe, è facile farsi notare dalla donna che ti interessa.

Dopo la lezione, puoi andare da lei e dirle che vorresti che spiegasse perché pensa questo o quello, o cosa pensa di una teoria che l'insegnante ha appena presentato. Ci sono infiniti corsi che puoi seguire.

Ovviamente raccomanderei quelli in cui gli uomini sono in minoranza. I corsi di meccanica d'auto possono essere eccitanti, ma non sono quasi mai frequentati da donne.

D'altra parte, le lezioni di danza, di ginnastica, di cucina, anche, probabilmente ti metteranno in minoranza. Questo è probabilmente uno dei pochi momenti in cui è bello esserlo. Goditelo. Le donne possono fare i primi passi da sole. Potrebbe svilupparsi una rivalità su di te. Le donne vorranno sapere quale di loro sarà la prima ad attirare il tuo interesse. Tu sarai l'unico beneficiario.

LA SPIAGGIA

In spiaggia, specialmente in vacanza, ci sono innumerevoli opportunità. Il sole, il mare, l'aria salata, l'ozio, la distanza dal solito scenario, tutto contribuisce al gusto dell'avventura. È quasi troppo facile.

Se individui una ragazza, ti sdrai accanto a lei. Puoi chiederle da accendere, offrirle una sigaretta. Le possibilità sono infinite. Se tutti i posti intorno a lei sono occupati, puoi lanciarle accidentalmente un palloncino, poi scusarti ma iniziare una conversazione. Se fa molto caldo, come spesso accade, puoi offrirle un drink, mentre tu ne prendi uno.

Nei parchi pubblici

Anche i parchi sono posti eccellenti. Molte donne vanno lì per sognare, leggere, riposare. Siediti sulla stessa panchina. Queste sono panchine pubbliche, devi ricordartelo. Se sta leggendo, chiedile se è interessante. Se per caso l'hai già letto, puoi ovviamente discuterne.

Nelle discoteche, nei disco club

È ovviamente il posto più naturale per rimorchiare una donna. Almeno quello a cui gli uomini pensano spontaneamente quando vogliono incontrare qualcuno. Se non lo sai già, la maggior parte delle donne ci va per la tua stessa ragione. Naturalmente, ci possono essere alcuni puristi che vanno solo per il ballo. Ma questo è il piccolo numero.

È soprattutto un luogo di incontro. Ci sono innumerevoli tecniche da utilizzare. Ne parleremo nel prossimo capitolo. Voglio solo dirti una cosa. Vuoi sapere chi penso sia la donna più facile da rimorchiare? Suppongo di sì, visto che stai leggendo questo libro. Beh, è la donna che va in un club da sola.

Nonostante la rivoluzione femminista, c'è ancora un forte pregiudizio contro le donne che escono senza accompagnatore o almeno senza una ragazza. Ci sono anche molti posti dove una donna sola non è ammessa.

Quindi perché una donna affronti i pregiudizi e osi andare da sola in un bar o in una discoteca, deve davvero voler incontrare qualcuno. Quasi disperatamente. Se ti trovi nella stessa situazione, non esitare ad avvicinarla. Puoi mettere in comune la tua solitudine. Quindi stai all'erta. Se individui una donna sola in un bar, ci sono nove possibilità su dieci che sarà felice di parlare con te. Non sto dicendo che le piacerai necessariamente, non sto dicendo che ti salterà tra le braccia e sarai nel suo letto quella notte, ma non ti rifiuterà. Questo è già un buon punto per te.

Ovunque...

Ovviamente sarebbe inutile cercare di fare una lista esaustiva di posti dove puoi incontrare persone, stabilire un contatto, dato che abbiamo detto all'inizio che puoi "rimorchiare" ovunque. Quindi non esitare. E approfitta di ogni opportunità.

4. Il primo contatto

Mentre ci muoviamo in questo nuovo capitolo, devi sapere qualcosa di molto semplice ma qualcosa a cui alcuni uomini non si sono mai fermati a pensare. Quello che serve per sedurre una donna è semplicemente parlarle. Sì, è così semplice. Posso anche dirti che se riesci a parlare con le donne, a stabilire un contatto verbale con loro, riuscirai senza dubbio a sedurne molte.

Ciò che impedisce agli uomini di parlare con le donne, di provare a conoscerle, è di solito la paura del rifiuto. Naturalmente, non tutte le donne diranno di sì. Ma sarai sorpreso da quante donne non ti diranno di no, o almeno non ti rifiuteranno, perché hai parlato con loro, e saranno felici che tu lo abbia fatto.

Ricorda questo: il semplice fatto che tu abbia il coraggio di approcciare una donna la fa sentire bene con te. Molti uomini non osano farlo. Così te ne vai con un vantaggio. Dimostra che non ti importa delle rigide convenzioni sociali, che sai come osare. Alle donne piace. E non dimenticare che le donne sono spesso imbarazzate quanto te nell'essere provate.

Scoprirai che con la pratica svilupperai fiducia. Di solito è l'inizio che è difficile, in qualsiasi campo. Dopo un po', approcciare una donna sarà per te la cosa più naturale del mondo. Farai degli errori. Sarai rifiutato. Ma va bene così. Come si dice, uno perso, dieci trovati. E dopo tutto, niente è mai perso. È un'esperienza extra.

Va benissimo parlare con le donne, potresti dire, ma hai comunque bisogno di sapere cosa dire loro. Vorrei sottolineare fin dall'inizio che quello che gli dici all'inizio è relativamente secondario. Ciò che conta è semplicemente rompere il ghiaccio, stabilire il primo contatto. Non hai bisogno di avere l'arguzia di Voltaire. L'originalità non è nemmeno necessaria, anche se puoi mostrarla, può anche essere efficace. In questo campo, i trucchi più banali, le ricette più banali possono avere un successo meraviglioso.

Puoi semplicemente chiedere ad una donna, in modo molto casuale, "Non ci siamo già incontrati da qualche parte? "

O una variazione: "Penso che ci conosciamo, vero? "

Oppure, "Vivi qua vicino?

"Hai studiato all'università? "È banale, vero? Ti avevo avvertito.

Ma di solito è anche molto efficace. Ed è questo che conta. Dopo tutto, i pescatori hanno usato le stesse esche per secoli e questo non rende i pesci difficili. Uno dei vantaggi di questi starter è più sottile di quanto sembri. Tutte queste domande sono davvero lusinghiere. Implicano che tu pensi di riconoscere la persona. Se ricordi il loro volto, allora c'è qualcosa di notevole in loro. A nessuno piace passare inosservato. Quando ti senti diversamente, sei quasi sempre lusingato.

Qui ci sono alcuni punti fermi che puoi usare a seconda delle circostanze.

Sei per caso Gemelli? (O qualsiasi altro segno, con una riserva per la Vergine, a meno che tu non voglia creare un effetto di cui non posso prevedere il risultato). Può piacere o non piacere. Dipende. Alcune donne lo troveranno un po' una spina nel fianco. Penso che se la donna è molto giovane, è ancora accettabile. In caso contrario, aspetta fino a quando non sarai più avanti nella conversazione.

Ciao. Buona sera.

Questo è probabilmente il più semplice. Lo svantaggio è che non è una domanda e non porta ad una risposta. La donna può sempre ricambiare il tuo saluto e le cose possono rimanere come sono. Questo è ciò che vuoi evitare sopra ogni cosa. Ricorda questo. In generale, è meglio fare una domanda. La donna può poi restituire il favore. Questo rende le cose più facili per lei.

Ricorda che è anche intimidita dall'essere avvicinata da uno sconosciuto. A questo proposito, ricorda che approcciare una donna è ancora, per certi versi, anche molto sofisticato, una sorta di aggressione, anche se l'intenzione è buona. Dopo tutto sei un estraneo. L'educazione e la gentilezza sono generalmente la strada migliore da percorrere, anche se un approccio più cavalleresco può a volte avere ottimi risultati.

Sai dove posso trovare un libro simile?

O è un buon romanzo? (In una libreria o biblioteca, ovunque incontri una donna con un libro in mano).

Di che colore sono i tuoi occhi?

Sono assolutamente belli. (In generale, le donne apprezzano molto i complimenti che riguardano i loro occhi).

Il tuo nome non è Suzanne per caso? Sei una ballerina?

Questo è molto lusinghiero. Ragazze, migliaia di donne hanno sognato di diventare un giorno una ballerina. Facendole questa domanda, le stai implicitamente dicendo che pensi che sia elegante e alla moda.

Variazione altrettanto eccellente: *sei una modella o un'attrice?*

È uno dei miei preferiti. Ancora più donne hanno sognato o sognano di diventare un'attrice un giorno. Dato che le attrici sono generalmente molto belle, è sempre un piacere. E di solito rende facile il follow-up. Se è un'attrice (le probabilità sono minime), beh, è meraviglioso! Penserà che tu l'abbia riconosciuta. Se non lo è, potrebbe dire che faceva parte di un gruppo teatrale amatoriale, o che ha fatto qualche scatto per un amico fotografo, o forse anche una pubblicità.

Una variazione: *Assomigli a Isabelle Adjani o a Catherine Deneuve, sei imparentata con lei per caso?*

Ovviamente non c'è nessun legame familiare. Ma la somiglianza è lusinghiera. Molto lusinghiero. Naturalmente la somiglianza deve essere plausibile.

Sei svedese, tedesca, svizzera?

Forse non hai mai incontrato una donna svizzera, o una svedese o una tedesca, che non hanno necessariamente un aspetto speciale, ma di solito è lusinghiero. Ma dovresti evitare alcune nazionalità, poiché il pregiudizio nei loro confronti può essere molto forte. Usa il tuo giudizio. E se è una donna nera con gli occhi marroni, non chiederle se è svedese.

Che tipo di cane è?

In un parco. O per strada. Se anche tu hai un cane, è ancora meglio.

Sembri triste, c'è qualcosa che non va?

Non l'ho mai usato. Non c'è nulla che ti impedisca di farlo se ne hai voglia. Preferisco il suo corollario:

Cosa ti fa sembrare così felice? Vorrei incontrarti.

Hai un cappello molto bello.

Mi piacerebbe conoscerti.

Sei sola? Lei annuisce. *Anch'io. Vogliamo fare due chiacchiere?*

Uno dei miei migliori. Semplice. Amichevole. Facile da fare per tutti. E non ti compromette. A volte non è un male non scoprire subito il tuo gioco. L'equivoco ha virtù sorprendenti. Inoltre, poiché è puramente amichevole, la donna si sente più sicura.

Mi scusi, signorina. Posso chiederti il nome del tuo dentista?

Ha dei denti davvero notevoli e li mostra. Ascolta: sorride molto.

Non ti ho già incontrato a Londra, a Venezia? Sembri essere un grande viaggiatore davanti al Signore. La tua domanda implica che anche lei viaggia. Questo è un bene.

Cosa puoi bere?

In un bar. Se ha un bicchiere di birra, non farlo. Se il suo drink sembra speciale, allora è eccellente. Probabilmente sarà felice di mostrare l'originalità dei suoi gusti. Vedremo più avanti che uno dei modi migliori per sedurre una donna è quello di permetterle di mostrare il proprio gusto. Tutto ciò che fai o dici dovrebbe riflettere un'immagine vantaggiosa di se stessa.

Posso offrirti da bere?

Semplice. Ma ha dato prova di sé. Da raccomandare.

Hai una luce? Vuoi una sigaretta? Ovviamente molto banale. Ma se senti che la donna ti ha già notato, non importa. Sarà felice che tu ti sia avvicinato a lei. Ricorda le osservazioni iniziali che ho fatto. Cosa tu dici non è un grosso problema. L'importante è fare il primo passo, rompere il ghiaccio.

Vuoi sederti?

In un bistrot affollato, un bar, una discoteca. È una galanteria che è sempre in ordine. Non ti compromette. Ti presenti come un gentiluomo. Alle donne piace.

Posso darti un passaggio da qualche parte? Sei nella tua macchina e vedi una bella donna che aspetta l'autobus o che cerca un taxi. Questa tecnica richiede un po' più di audacia, sono d'accordo. Ma saresti sorpreso da quante donne sono disposte a salire sull'auto di uno sconosciuto.

Se non mi credi, prova la tua fortuna, sarai sorpreso dal risultato. Per quanto riguarda le belle donne che fanno l'autostop, non esitare a prenderle. In genere non sono timidi al riguardo. Tuttavia, non devi cercare di sedurla subito. Puoi semplicemente chiedere il suo numero di telefono. Dato che l'hai obbligata accompagnandola a casa, raramente oserà rifiutarti il suo numero di telefono.

Sai dov'è l'ufficio postale?

Cos'è una scatola divertente in... (una città dove non vivi).

Questo è eccellente. Sembri un turista. Un po' perso. Forse la donna accetterà di essere la tua guida.

Hai un sorriso molto bello.

Questo è meno imbarazzante che dire ad una donna: "Sei bellissima. Ma probabilmente è altrettanto efficace.

Posso farti una foto?

Stai camminando per strada con la tua macchina fotografica (non deve essere necessariamente una Nikon) e vedi una donna che ti piace. Le dici che sei rimasto colpito dalla sua bellezza, o dall'originalità del suo viso, che sei convinto che debba essere follemente fotogenica e le offri una piccola sessione fotografica improvvisata.

In generale, la maggior parte delle donne accetta. Per una semplice ragione. È estremamente lusinghiero. E non ti impegna in nulla. Puoi aggiungere per rassicurarla che sei un fotografo amatoriale e che hai intenzione di partecipare ad un concorso. O che stai prendendo lezioni di fotografia con l'obiettivo di diventare un professionista. Se rifiuta, dicendo che è di fretta, che non ha tempo, offriti di incontrarla in un altro momento.

Chiedi il suo numero di telefono e spiega che non hai mai visto un viso così espressivo o speciale come il suo. Il successo è quasi garantito. Se lei è d'accordo per una sessione fotografica immediata, dovresti prendere il suo numero di telefono in modo da poterle dare le foto quando sono sviluppate. Se la sessione è andata avanti per, diciamo, dieci minuti (prenditi il tuo tempo), puoi poi offrirle un drink per ringraziarla della sua gentilezza.

Nella conversazione che avviene prima o durante, non chiedere alla donna se è una modella o un'attrice o se ha fatto almeno qualche fotografia su una rivista. Tutti punti a tuo favore per la ragione che ho spiegato prima. Questa tecnica è una delle migliori. Sarai sorpreso da quante donne straniere accetteranno di venire a casa tua per un servizio fotografico.

Vuoi fare l'amore?

Per essere schietti, difficilmente si può essere più schietti. Perdona la brutalità di questa introduzione. Ma non potevo finire la mia lista senza menzionare questa domanda che, anche se non manca di audacia, si pone comunque. Dipende per chi e con chi.

Ma ricorda: quando una donna accetta di seguirti a casa la prima sera, è probabile che tu non sia il primo a cui fa questi favori spontanei. E nemmeno l'ultimo.

Potrebbe aver seguito uno sconosciuto il giorno prima, in circostanze simili...

La "lettera d'amore".

Un metodo molto interessante - soprattutto per le persone timide - è quello di scrivere una lettera d'amore ad uno sconosciuto e tenerla sempre con te.

Non appena vedi una donna attraente, le consegni la lettera. Naturalmente è necessario che questa lettera sia scritta a mano, su una bella carta, e che tu abbia diverse lettere con te. La formula è matematica: più lettere consegni, maggiori sono le tue possibilità di successo. Puoi consegnare la lettera e dire: "Questa lettera è per te, leggila dopo", o anche tacere e arrossire!

Cosa dovremmo ricordare da tutto questo? Ci sono molti modi efficaci per approcciare una donna. Ce ne sono dozzine che puoi indicare o che probabilmente hai già usato. È quasi illimitato. Come ho detto prima, non avere paura del banale. Il fine giustifica i mezzi. La roba vecchia di solito funziona. Se non l'avessero fatto, non sarebbero mai diventati roba vecchia. Ma non aver paura di essere spontaneo, di lasciarti ispirare dal momento, di essere originale. Con alcune riserve, tuttavia. Perché ovviamente, se la vista di uno sconosciuto ti ispira pensieri di natura sado-masochistica, è probabilmente meglio che ti censuri, almeno temporaneamente.

Prima di chiudere questo capitolo, lascia che ti faccia un'ultima considerazione. Nonostante la pratica, non avrai successo con tutte le donne. Sapevi che un seduttore come Warren Beattie, che è stato chiamato Mr. Hollywood, che ha sedotto donne bellissime come Julie Christie, Diane Keaton, Joan Collins, e che si dice che abbia avuto una relazione con la bella Isabelle Adjani, anche se aveva venti anni più di lei, sapevi che ha ammesso di avere successo con le donne solo una volta su due? Non dimenticare che è estremamente bello, ricco e famoso e che la sua reputazione di cavaliere lo precede ovunque vada.

Paradossalmente, le donne sono spesso attratte solo dalla reputazione di donnaiolo di un uomo. Quello che è piaciuto piacerà, si potrebbe dire. Quindi tu, che non sei né ricco né famoso e che probabilmente non hai il fisico di questo attore americano, è normale che un certo numero di donne rifiuti le tue avances. Molto probabilmente più di una volta su due. La mia esperienza mi ha insegnato che un successo su sette o otto tentativi è una media molto rispettabile. Una media che puoi raggiungere facilmente e che, contrariamente a quanto potresti pensare, non migliorerà molto con il tempo.

Una donna su sette non è molto, si potrebbe dire. Questo significa che dovrò accettare sei rifiuti. Questo non va bene. Non è affatto grave. Non è la morte di un uomo. E significa questo: se incontri una donna ogni giorno, la legge delle medie è quella che è, riuscirai a conquistare una donna a settimana se ne hai voglia.

5. Cosa diciamo dopo?

Nel suo libro da un milione di copie, Come vincere gli amici, Dale Carnegie delinea sei modi per conquistare la simpatia delle persone. Te li cito testualmente.

- Regola 1. Mostra un interesse genuino per gli altri.

- Regola 2. Sorridi.

- Regola 3. Ricorda che il nome di una persona è la parola più dolce e importante del suo vocabolario.

- Regola 4. Sii un buon ascoltatore. Incoraggia gli altri a parlare da soli.

- Regola 5. Parla con la persona con cui stai parlando di ciò che le piace.

- Regola 6. Fallo sentire sinceramente importante.

Queste regole si applicano sia alle donne che agli uomini. Ma cosa dovresti fare una volta che hai stabilito un primo contatto con una donna? Devi semplicemente conquistarla.

Questo è ciò che significa flirtare. Conquistare la simpatia di una donna. Rileggi le sei regole che Dale Carnegie ha stabilito.

Queste regole sono più profonde di quanto tu possa pensare a prima vista. Inoltre, per quanto paradossale possa sembrare, se vuoi sapere cosa piace ad una donna, osservati, chiediti cosa ti piace.

Chi sono le persone intorno a te che hanno conquistato la tua simpatia? Sono quelli che parlano solo di se stessi, che non si interessano mai a te, non sorridono mai, non ascoltano mai quando parli e ti fanno sentire come un minus habens? Certo che no. Questi sono gli altri.

Forse sono più rari. Ma gli esseri che applicano questi principi con quelli che li circondano diventano rapidamente incredibilmente popolari. Le persone sono attratte da loro come una calamita. Il funzionamento di base delle donne è molto simile a quello degli uomini.

LA MAGIA DEL DESIDERIO

Si può dire in modo generale, cioè senza tener conto delle inevitabili eccezioni, che non sono necessariamente gli uomini più belli ad avere più successo con le donne, ma quelli che le amano di più, quelli che le desiderano di più.

Le donne amano essere desiderate, essere amate, molto più che essere ridotte, per esempio, a contemplare un bell'uomo che non è realmente interessato a loro.

Anche tu probabilmente hai un tipo di donna. Quindi ti suggerirei che se vuoi aumentare le tue possibilità di successo, dovresti provare soprattutto con le donne che ti piacciono davvero. Questo è più facile e molto più piacevole.

Il desiderio viaggia misteriosamente come un fluido invisibile. Influenza le donne in modo sottile, su un livello diverso da quello strettamente fisico. Sai qual è il modo migliore per aumentare il desiderio? È la castità.

Potrebbe sorprenderti che io parli di castità in un libro sull'arte della seduzione. Ma tu capirai. Se sei un po' disperato, se stai assolutamente cercando di incontrare una donna, sii assolutamente casto. Non avere pratiche auto-erotiche. Non andare a trovare le prostitute.

Il potere del tuo desiderio irradierà tutto il tuo corpo ed eserciterà un'influenza occulta sulle donne, poiché opera a livello eterico. Ti darà un fascino completamente nuovo e probabilmente uno stato di esaltazione che ti renderà divertente e attraente. La castità dà agli occhi un bagliore speciale.

Gli occhi hanno molto a che fare con la seduzione. Provalo. La forza del tuo desiderio controllato ti renderà audace con le donne. Provalo. Un altro modo per aumentare la tua vitalità sessuale e il tuo fascino è quello di mangiare in modo molto frugale. Prova per qualche giorno e soprattutto sii casto. Questo è il modo migliore per avere avventure.

È LA DONNA DELLA TUA VITA?

C'è un'età per gli incontri multipli. Poi arriva l'età in cui si cerca l'amore per la vita. Per coloro che sono insoddisfatti della loro vita amorosa, che seducono regolarmente le donne, ma vorrebbero incontrare la donna della loro vita, osserva la stessa regola.

Sii casto. Non accettare la mediocrità e il compromesso. Dì a te stesso che non toccherai mai più una donna finché non incontrerai la donna che ti piace davvero, l'anima gemella che stai cercando. Secondo me, questo è il modo migliore per conoscerla. Velocemente. Senza che tu debba fare qualcosa di speciale per incontrarla. Non uscire più del solito. Lei verrà da te, misteriosamente attratta dalla purezza del tuo desiderio e dal suo potere.

Per trovare rapidamente la donna della tua vita, sii casto finché non la incontri. Credimi. La vita è più misteriosa di quanto pensi. E così sono le leggi dell'amore.

È UNICA...

Ciò che respinge la maggior parte delle donne è la sensazione che un uomo stia cercando di sedurla solo perché è una donna, che se non è lei, sarà qualcun'altra, che non è veramente interessato a lei.

Devi farle sentire che è unica, che è speciale, che la trovi davvero interessante. Sai qual è il modo più sicuro per farla sentire unica?

È fare sul serio.

Promettilo a te stesso.

Tutte le persone sono eccitanti, uniche, affascinanti. Ma purtroppo non ce ne rendiamo conto. Siamo ossessionati dal nostro piccolo io.

Non vediamo le persone intorno a noi. Viviamo in un tipo di sonno che non conosciamo nemmeno. Secondo me, questa è la grande tragedia delle persone. Non si vedono mai. Non comunicano veramente. Perché?

La ragione che sto per darti probabilmente ti sorprenderà, ma è la vera ragione.

Le persone non vedono se stesse, non sono affascinate dai loro simili e dalla vita in generale semplicemente perché mancano di concentrazione. Sì, mancano di concentrazione.

La loro mente è dissipata. La loro visione della realtà e degli esseri è costantemente distratta da tutti i pensieri che scorrono nella loro mente. Non vivono nel momento. Hic et nunc.

L'ARTE DI PIACERE

Non so se l'hai notato, ma l'arte di piacere è essenzialmente nell'arte di parlare. Le donne", ha detto l'attrice Madeleine Renaud, "sono come i conigli, li prendi per le orecchie.

Niente potrebbe essere più lontano dalla verità. E probabilmente la cosa più toccante per una donna quando un uomo parla sono i complimenti. Non esitare a darli. Intelligentemente. In modo originale. Per esempio, se una donna ha notoriamente degli occhi bellissimi, è probabile che un centinaio di uomini prima di te glielo abbiano detto.

Non le dispiacerà, ovviamente, perché raramente ci stanchiamo dei complimenti, ma la impressionerai di più se le spiegherai perché i suoi occhi sono belli.

O scoprire in lei una bellezza più discreta, meno evidente. Forse ha delle belle sopracciglia, o degli zigomi squisiti. O labbra molto ben definite. Questo le piacerà molto di più. Se non esiti ad essere un po' machiavellico e hai notato che il suo naso non è perfetto, dille semplicemente che pensi che sia carino. Probabilmente ha un complesso su questo. Ne sarà assolutamente felice. In generale, non dimenticare che l'aspetto fisico di una donna è una delle sue preoccupazioni costanti. La vanità è il suo tallone d'Achille. Se vuoi ottenere i tuoi calci, attacca quel tacco...

Non appena conosci il suo nome, non esitare a dirlo, spesso. È una dolce musica per le sue orecchie. È una specie di complimento.

Se hai un senso dell'umorismo, non esitare ad usarlo. Falla ridere. La metà delle donne si innamora di un uomo che le fa ridere. Personalmente, è una regola per me dire qualsiasi cosa. Letteralmente tutto ciò che mi viene in mente. Le donne lo amano. Bilancia le risate e la serietà. Questo è l'ideale.

Altrimenti la donna potrebbe non prenderti sul serio. E sorridi. L'effetto di un sorriso è incredibile. Un sorriso illumina il viso. È il segno del successo e della felicità. Non esserne avaro. È la chiave di molti cuori.

DI COSA PARLARE?

Su tutto e niente. Riguardo alla pioggia e al sole. Se sei appassionato di corsa, letteratura tedesca, viaggi, film di Truffaut, parlane. Una persona appassionata è spesso appassionata.

L'entusiasmo è contagioso. Niente è più noioso per una donna di un uomo che sembra essere interessato a niente. Comunque, in ogni caso, evita di vantarti. È piacevole solo per te.

ESSERE UN BUON ASCOLTATORE

Parlare è importante, ma ascoltare è molto più importante. E, certamente, è molto più raro. L'egocentrismo della maggior parte delle persone è stupefacente. Quante volte abbiamo assistito a conversazioni che erano solo due tristi monologhi, ognuno si affrettava a dire all'altro quello che voleva dire, senza ascoltare veramente.

Se pratichi regolarmente i piccoli esercizi di concentrazione che ti ho spiegato, questo è un problema che non incontrerai. Sarai affascinato dalle persone. Li ascolterai con attenzione. Con vero piacere. Con vero fascino. Sarai interessato a ciò che dice la donna che vuoi sedurre. Falla parlare. Su di lei. Su ciò che le interessa.

Di cosa è appassionata. Far parlare l'altra persona di sé è il più grande piacere che puoi darle. È una forma di complimento. Sta dicendo: sono interessato a te, sono appassionato di te.

Le donne spesso temono di essere interessate solo alle loro qualità fisiche e di godere di esse. Facendola parlare di sé, la rassicura. Le dimostra che l'uomo è interessato alla sua personalità. Naturalmente questo non significa che non dovresti dirle che la trovi bella.

Quando ascolti una donna, non aver paura di guardarla negli occhi. Fissare. Senza battere ciglio. Questo ha un effetto profondo. Conferma la sua sensazione che sei davvero interessato a lei.

Non c'è niente di più irritante che parlare con qualcuno che guarda costantemente altrove. La maggior parte delle persone sono inebriate dal loro piccolo io. La loro droga è la loro persona. Sfortunatamente, gli esseri umani sono mostri egoisti che si rifiutano ostinatamente di pensare solo al tuo piacere...

"C'è solo un cattivo genere", disse Voltaire della letteratura, "il genere noioso". Lo stesso si può dire della conversazione. Soprattutto, evita le conversazioni serie e formali. Alle donne non piacciono. Evita anche di parlare degli innumerevoli problemi che hai, dei problemi che hai al lavoro, dell'esaurimento nervoso che senti all'orizzonte. Le donne preferiscono divertirsi, ridere, almeno durante un primo incontro.

Una medicina che può avere successo, anche se la prescrivo con qualche riserva (è una questione di tatto e convenienza), è parlare di argomenti erotici. Elegantemente. (Evita soprattutto la volgarità. Può piacere solo a certe donne. Questa è l'eccezione). Sarai sorpreso, tuttavia, di quante donne cadono in questo piccolo gioco e parlano di argomenti molto intimi. È tutta una questione di giusto equilibrio. Si tratta di sapere come valutare la donna di fronte a te.

Non credo sia necessario affrontare direttamente questi problemi. Puoi erotizzare una donna in modo più sicuro, o almeno altrettanto efficace, semplicemente facendola ridere o facendole dei complimenti. Inoltre, se il tuo desiderio per lei è forte, lei lo sentirà senza che tu debba esprimerlo a parole.

Una cosa che raccomando fortemente, comunque, è che tu la tocchi, non solo con le tue parole, ma fisicamente. Questo crea calore, intimità. Inutile dire che dovresti limitarti (fino a nuovo ordine) a certe parti del corpo. Per me, la mia parte preferita è l'avambraccio. Che io abbraccio. Solo per un momento. Non lasciare che la tua mano si soffermi troppo a lungo. Più di qualche secondo e la donna sarà probabilmente imbarazzata. Diventa un segno di possesso.

Puoi anche toccarle la mano, la spalla. Lanciati gentilmente se lei ti ha appena fatto ridere o ha detto qualcosa di carino. Anche la guancia. Se ha dei bei capelli e glielo dici, puoi accompagnare le tue parole con un gesto. Puoi poi aggiungere che è molto setoso o ha una consistenza strana. Il tuo gesto non dovrebbe sembrare una carezza.

Non è un gesto sessuale ma un gesto amichevole e caloroso. In nessun modo dovrebbe sembrare un'aggressione. Ma non fare troppi di questi gesti. Quando tocchi una donna, lei si sentirà più sicura e ti troverà più caldo.

COME CONCLUDERE?

La fine della serata sta arrivando. Cosa fare? Come si conclude una riunione? Qui più che altrove, devi essere psicologico. Dovresti chiederle apertamente di passare la notte con lei? O semplicemente offrirti di accompagnarla a casa? Dovresti invitarla a casa tua per un caffè? O semplicemente chiedere il suo numero di telefono? O prendere un appuntamento? Posso solo darti dei suggerimenti.

Ed è molto opzionale. Tutto dipende da cosa vuoi da questa donna. Se sei molto innamorato di lei e hai paura di perderla, è meglio che tu chieda solo il suo numero di telefono. La rivedrai e ti consiglierà a tempo debito. Non dovresti affrettare le cose.

Se stai morendo dalla voglia di fare sesso con la donna con cui hai passato la serata, puoi semplicemente dirle, per esempio: "Ti desidero tanto e ti trovo estremamente sensuale. Perché non passiamo la notte insieme? Sono sicuro che sarà fantastico".

In caso di dubbio, offri sempre di accompagnare la donna a casa. Un buon modo per fare la grande proposta senza farlo veramente è provare a baciarla sulla porta di casa. Se lei non ti respinge, se è collaborativa o meglio ancora si appassiona, allora non esitare. Fai anche finta che si sia già capito che state per fare l'amore. Di' per esempio: "Dai, andiamo a casa tua.

Se i tuoi baci e le tue carezze erano abbastanza focosi, non dovrebbero esserci problemi. Se si rifiuta ancora, non arrabbiarti. Potrebbe non voler essere vista come una ragazza alle prime armi, anche se vuole fare sesso tanto quanto te. Potresti provare a spingere un po'. Ma non troppo. Probabilmente avrai successo con lei la seconda notte in ogni caso.

C'è un indizio che può guidarti per concludere la serata, per sapere cosa fare e quanto lontano andare, per usare la famosa espressione di

Cocteau. Pensa alla serata che hai appena trascorso e soprattutto alla qualità del contatto che hai avuto con la donna.

Se hai parlato così appassionatamente con una donna per tutta la sera, non esitare ad essere abbastanza diretto.

"Passiamo la notte insieme?" è una buona formula che mi ha portato al successo. Una variazione romantica: "È stata una serata così interessante che è un peccato doverci separare. Perché non passiamo la notte insieme?

Puoi aggiungere: "Anche se non facciamo l'amore. Voglio solo stare con te. Ho ancora tante cose da dirti".

Beh, dipende da te. Tuttavia, se hai ottenuto un numero di telefono o un appuntamento, è un successo. Presto diventerà una realtà.

6. Consigli, riflessioni, problemi di strategia...

È meglio uscire da solo, con un partner o in gruppo? Questa è una domanda molto importante. Personalmente, sconsiglio vivamente gli appuntamenti tra bande.

È volgare e le donne non ti prenderanno sul serio. Le tue possibilità di successo sono limitate. Due è molto meglio. Questo ha dei vantaggi innegabili per la semplice ragione che le donne escono più spesso con un'amica che da sole, specialmente nei club e nelle discoteche.

Dato che la legge delle probabilità è che a te e al tuo amico raramente piacciono entrambe le donne, mettetevi d'accordo in anticipo in modo che uno di voi faccia delle concessioni o, meglio ancora, invece di andare con un amico uomo, vai con una amica femmina!

Sarai sorpreso dai risultati. Siete d'accordo in anticipo di lasciarvi reciprocamente una completa libertà d'azione. La rivalità tra donne gioca un ruolo importante nell'attrattiva di un uomo. Paradossalmente, un uomo che è accompagnato è quasi sempre più interessante per le donne. Soprattutto se sembra essere disponibile nonostante tutto. Molte donne amano rubare un uomo ad un'altra donna. È una prova del loro fascino.

C'è ancora la possibilità di uscire da soli. Per me, questo è quello che preferisco. È il più semplice. Ti dà la massima libertà di movimento. Non devi discutere con il tuo amico se voglia o meno andare dietro ad una particolare donna. Inoltre, puoi approcciare sia una donna singola che due donne insieme.

Quando approcci due donne insieme, ti dà un grande vantaggio essere solo. Almeno se sai come manovrare. Dato che è molto raro che due donne molto belle escano insieme (non so perché, forse è oltre le loro forze), di solito ce n'è una che ti interessa di più.

Ti darò alcuni consigli che penso siano molto utili. Il primo è quello di non concentrarsi esclusivamente sulla donna interessante. Ci sono diverse ragioni per questo.

Il primo è che sarebbe una mancanza di educazione di base. Devi sempre sembrare un gentiluomo. Inoltre, sono entrambe fidanzate, probabilmente metteresti in imbarazzo la donna interessante trascurando di interessarti alla sua amica.

Ma il vantaggio più sottile di questa strategia è che lasci il dubbio nella mente della donna che hai scelto.

Questo ti mette in una posizione di forza. Nonostante la probabile amicizia tra le due donne, nasce una certa rivalità tra loro. Una rivalità che è a tuo vantaggio. Ovviamente, non prolungare la suspense all'infinito. Questo potrebbe essere un danno per te.

Segnali delle donne

In qualsiasi scambio tra due persone, gli interlocutori emettono dei segnali. Le riunioni di club ovviamente non fanno eccezione. Leggere questi segnali spesso sottili può essere di grande aiuto negli appuntamenti. Nonostante la pseudo-liberazione delle donne, esse rimangono generalmente meno intraprendenti degli uomini. Generalmente lasciano i primi passi agli uomini. Tuttavia, generalmente danno segnali per indicare il loro interesse. Hanno atteggiamenti e gesti.

Ho osservato che spesso una donna interessata, anche se non osa avvicinarsi direttamente a te, riuscirà ad avvicinarsi sottilmente a te per farti parlare con lei. A questo proposito, ho fatto un'altra osservazione. Se noti che una donna ha appena fatto un simile approccio, non aspettare troppo a reagire.

Ci è voluto molto coraggio per lei per osare un approccio del genere. Se aspetti più di dieci minuti, la sua vanità sarà ferita. Si convincerà che non sei interessato e se ne andrà. La cosa migliore da fare è parlare con lei entro pochi minuti dal suo arrivo. Perché non immediatamente? Questo la affascinerà. Si congratulerà con se stessa per aver colto l'occasione. Questo le dimostrerà che non è passata inosservata, che l'hai notata immediatamente.

Ci sono ovviamente segnali più ovvi, il più facile da decifrare è lo sguardo, ripetitivo o insistente. Se una donna guarda regolarmente nella tua direzione, significa che ti ha notato e probabilmente le piaci. Quindi non esitare, avvicinati a lei. Avrai quasi sicuramente successo.

Se una donna ti chiede da accendere o una sigaretta, è probabile che siano delle scuse. Lei è interessata a te. Se ti avvicina lei stessa, se ti chiede se vi siete incontrati prima, di solito è meraviglioso. Questi sono chiari segni del suo interesse.

Se la donna ti sorride da lontano, questo è un altro segno estremamente favorevole. Non esitare ad andare verso di lei. Lei ti trova simpatico.

Una volta che ti sei avvicinato a lei, la donna continua ad emettere segnali che parlano chiaro. Se lei usa le stesse tecniche con te che io ho cercato di comunicarti, tutto andrà bene. Se, per esempio, ti fa i complimenti per il tuo vestito, se pensa che sembri un comico, se ti dice che sei simpatico e che le piace parlare con te, che sei divertente, sei sulla strada giusta.

Ci sono anche segnali non verbali. Ride ad alta voce ad ogni tua battuta, sorride continuamente, ti tocca. Questi sono tutti segni positivi. Osserva la posizione del suo corpo. Se ondeggia impercettibilmente il suo corpo nella tua direzione, se tende ad avvicinarsi a te, un approccio più ravvicinato potrebbe essere possibile.

Si raccoglie ciò che si semina

Sarei negligente se non finissi questo piccolo libro senza una parola di avvertimento. Flirtare è meraviglioso. Ti permette di creare nuovi contatti, di fare fidanzate e amanti. Ma non devi dimenticare questo: devi essere attento e corretto.

Molte donne sono molto sensibili, molto vulnerabili. È facile ferirli facendo promesse che non si mantengono. Raccomando l'onestà di base. Sii onesto. Metti le tue carte sul tavolo. Non promettere amore quando tutto ciò che cerchi è il piacere. Non metterti in situazioni in cui ti vergogneresti di te stesso.

Colui che ha causato dolore soffrirà.

Arriva sempre un momento in cui, in modo giusto, dobbiamo rendere conto del nostro operato. La vita prende le svolte più incredibili per metterci in situazioni in cui coloro che abbiamo fatto soffrire ci ripagano. A meno che non sia qualcun altro.

7. Conclusione

Contrariamente alla credenza popolare, la seduzione è la cosa più facile del mondo.

Come ho detto all'inizio, tutte le donne amano essere conquistate, almeno se è fatto con una certa eleganza. Molte donne si sentono sole e vogliono disperatamente rompere il ciclo della loro solitudine. Molte donne si annoiano nella loro vita quotidiana e desiderano l'avventura.

La seduzione è un gioco molto divertente che colora la tua vita e rompe la monotonia. Quindi non aspettare oltre. Decine di incontri interessanti ti aspettano, sotto ogni punto di vista. Ovunque. In strada. Nell'ascensore. Nella metropolitana. Ovunque. Viviamo nel secolo delle comunicazioni. Quindi vivi con il tuo secolo. Comunicare. Non esitare.

È un gioco da ragazzi. Sarai il primo ad essere sorpreso dal tuo successo.

Buona fortuna!

8. Bonus: 82 IDEE ROMANTICHE

IDEA # 1

Se la tua partner starà via per qualche giorno, dille che sei preoccupato per lei e che hai assunto una guardia del corpo.

A questo punto, dagli un piccolo orsacchiotto.

IDEA # 2

Servi la colazione a letto al tuo partner. Puoi provare:

1) Uova fritte a forma di cuore. Puoi trovare lo strumento di cui hai bisogno nella sezione degli accessori da cucina.

2) Tosta con lo sciroppo d'acero.

3) Cereali

4) Succo di frutta

5) Un bouquet di fiori

IDEA # 3

Per un'occasione speciale, compra al tuo partner undici rose rosse vere e una rosa rossa artificiale.

Posiziona la rosa artificiale al centro del bouquet.

Allega un biglietto su cui hai scritto:

"Ti amerò finché l'ultima rosa non svanirà

IDEA # 4

Compra il nome di dominio del tuo partner su Internet.

Crea una pagina web con una poesia romantica e inserisci l'immagine di una rosa. Quando la tua partner sta navigando in rete, chiedile casualmente se ha controllato se il suo nome viene utilizzato. Falle digitare l'indirizzo e scopri con lei la sua pagina web.

IDEA # 5

Compra un bello specchio da tasca e regalalo al tuo partner. Aggiungi un piccolo biglietto al pacchetto che dice:

"In questo specchio vedrai l'immagine della donna più bella del mondo".

IDEA # 6

Prendi il libro che il tuo partner sta leggendo. Con una penna, sottolinea le lettere di un capitolo che non ha ancora letto in modo da poterle scrivere una lettera d'amore.

Le lettere sottolineate susciteranno la curiosità della tua partner e si spera che lei copierà il tuo messaggio lettera per lettera per decifrarlo. Prenditi il tuo tempo per personalizzare il più possibile il messaggio, per esempio: "Mia amata Laura, ti amo con tutto il mio cuore.

IDEA # 7

Fai consegnare dei fiori alla tua partner sul suo posto di lavoro. Non solo i fiori la renderanno felice, ma sarà anche lusingata dai commenti e dalle domande dei suoi colleghi.

IDEA # 8

Durante una passeggiata romantica, raccogli una pietra a lato del sentiero e dì al tuo partner che conserverai questa pietra come un prezioso ricordo di questo momento felice.

In seguito, fai incidere sulla pietra il messaggio d'amore di tua scelta e regalala.

IDEA # 9

Fai una passeggiata in campagna, trova una collina romantica e sdraiati sull'erba a guardare le nuvole.

Gioca, come fanno i bambini, a scoprire le forme nelle nuvole.

IDEA # 10

Prendi un foglio bianco e delle matite colorate.

Disegna un'immagine per bambini con un sole sorridente e due persone che si tengono per mano.

Aggiungi una bolla con il tuo nome indicando ogni personaggio e scrivi "Ti amo" in un grande cuore rosso.

Poi prendi una busta grande.

Metti il disegno nella busta e scrivici sopra l'indirizzo del lavoro del tuo partner, facendolo sembrare molto ufficiale:

Mandaglielo per posta in modo che lo riceva in un giorno in cui sai che il tuo partner è impegnato con il lavoro.

IDEA # 11

Il giorno prima del compleanno del tuo partner, compra palloncini ad elio, fiori e ghirlande e nascondili in un armadio.

Non appena il tuo partner si è addormentato, appendi le ghirlande in camera da letto, libera i palloncini e spargi i fiori intorno al letto. Svegliare il tuo partner il giorno del suo compleanno sarà memorabile.

IDEA # 12

Se il tuo partner deve lavorare fino a tardi, prendi un tupperware e riempilo con le sue cose preferite: cioccolato, tisane o tè, torte... Aggiungi il suo orsacchiotto come guardia del corpo.

Attacca un'etichetta sulla scatola: "Il kit di sopravvivenza di Michelle", con una grande croce rossa. Dì al tuo partner di aprire la scatola quando le cose diventano davvero difficili.

IDEA # 13

Durante una gita, avvicinati alle giostre per bambini e fai fare un giro al tuo partner.

Questo gli ricorderà i tempi felici della sua infanzia.

IDEA # 14

Lascia una rosa in un posto dove il tuo partner la troverà "accidentalmente" e lascia un biglietto con un messaggio come "Grazie per aver illuminato la mia vita".

IDEA # 15

Se il tuo partner usa un computer, scatta una foto di voi due e usala come sfondo per il tuo desktop. Per farlo con Windows, basta cliccare con il tasto destro sull'immagine e andare su "Imposta come sfondo del desktop".

IDEA # 16

Compra una piccola scatola regalo, un quadrato di seta, olio da massaggio e un biglietto da visita.

Metti l'olio nella scatola dopo averlo avvolto nel quadrato di seta. Offri il pacchetto al tuo partner dopo aver scritto: "Conosco un ottimo massaggiatore, buono per una prova gratuita: (avrai scritto il tuo numero di telefono)"

IDEA # 17

Quando il tuo partner torna a casa dal lavoro dopo una giornata particolarmente dura, fai un bel bagno caldo. Versa dell'olio da bagno profumato nella vasca da bagno e strofinalo delicatamente dalla testa ai piedi. Poi portala nella tua stanza avvolta in un caldo asciugamano e falla accomodare nel tuo letto con un tenero bacio sulla fronte.

IDEA # 18

Se hai talento artistico, prendi lezioni di disegno, fai pratica finché non riesci a far posare il tuo partner per te.

IDEA # 19

Se la tua partner ha un animale domestico che ama, oltre al regalo che hai pianificato per lei, considera di fare un piccolo regalo anche al suo animale.

IDEA # 20

Vai a fare una passeggiata sulla spiaggia. Disegna un grande cuore sulla sabbia. Siediti dentro il cuore e guarda il tramonto mentre abbracci teneramente il tuo partner.

IDEA # 21

Chiedi al tuo partner di fare una passeggiata. Prendi uno zaino con una tovaglia da picnic, cracker, formaggio, alcuni panini, frutta, mezza bottiglia di champagne e due flauti da champagne di plastica all'interno.

Se il tuo partner ti chiede cosa c'è nello zaino, dì semplicemente una bottiglia d'acqua e due maglioni. Quando hai trovato un posto romantico, chiedile se vuole fermarsi per una pausa. A questo punto, apri il tuo zaino e tira fuori tutti gli oggetti che hai dentro uno per uno. L'ultimo oggetto che dovresti tirare fuori dovrebbe essere lo champagne.

IDEA # 22

Se suoni uno strumento musicale, prepara la scena per un momento romantico in cui puoi suonare per il tuo partner.

Per esempio, diciamo che tu suoni il sassofono. Contatta la compagna di stanza della tua amica e fai in modo che la tua amica esca sul suo balcone ad un orario specifico.

Non appena la vedi apparire, inizia a suonare una melodia lenta e romantica.

IDEA # 23

Puoi usare questa idea in un giorno in cui il tuo partner va al lavoro e tu resti a casa.

Salutala sulla porta di casa e, non appena esce, mandale un'e-mail al lavoro. Scrivi solo: "Mi manchi già".

Scoprirà il tuo messaggio quando arriva sul posto di lavoro.

IDEA # 24

Se il tuo partner ha i capelli lunghi, prenditi il tempo di spazzolarli lentamente dalle radici alle punte. Questo è particolarmente rilassante dopo una doccia o al momento di andare a letto.

IDEA # 25

Contatta la famiglia del tuo partner e chiedi loro se c'è qualcosa che la tua fidanzata ha sempre sognato quando era bambina.

Per esempio, se ha sempre desiderato una bambola di porcellana, comprale una per il suo compleanno.

Non solo il regalo la renderà felice, ma il fatto che tu abbia avuto l'idea di interessarti al suo desiderio di un figlio la renderà felice.

IDEA # 26

Fatti fare un ritratto di voi due come coppia da un fotografo professionista.

Fai incorniciare la foto e mettila in mostra nella tua casa.

Ricordati di dire alla tua partner di questo progetto in modo che abbia il tempo di "fare bella figura".

IDEA # 27

Scrivi su un post-it: "Ti penso tutto il giorno e questo mi rende felice" Lascia questa nota da qualche parte dove sei sicuro che il tuo partner la troverà quando tu non ci sarai.

IDEA # 28

Per San Valentino, compra al tuo partner un braccialetto di perle con almeno 14 perle. Rimuovi tutte le perline e falle trovare una perlina per ognuno dei primi 14 giorni di febbraio. Il giorno di San Valentino, regalale il braccialetto e le perline rimanenti.

IDEA # 29

Quando fai shopping in un centro commerciale, fermati ad una cabina fotografica e cattura questo momento felice con alcune foto di voi due.

Non dimenticare di baciarti mentre il flash si spegne.

IDEA # 30

Lascia un messaggio sulla segreteria telefonica del cellulare del tuo partner: "Volevo solo dirti che ti sto pensando". La renderà sempre molto felice e ancora di più se la sentirà durante una dura giornata di lavoro.

IDEA # 31

Organizza un viaggio misterioso per voi due. Alcune agenzie di viaggio possono offrire 'pacchetti a sorpresa' dove la destinazione non viene rivelata fino a quando non sei sull'aereo, o anche quando arrivi a destinazione.

IDEA # 32

Compra dei petali di rosa e mettili all'interno dell'aletta parasole sul lato passeggero della tua auto. Aggiungi un post-it con le parole "Ti amo" sullo specchio interno del parasole.

Durante il viaggio, guarda la tua partner e dille che ha qualcosa sulla guancia. Quando inclinerà l'aletta parasole per guardarsi nello specchietto retrovisore, riceverà una pioggia di petali di rosa e scoprirà il tuo piccolo biglietto.

IDEA # 33

Quando la tua partner deve partire per un viaggio, nascondi un piccolo regalo per lei in un angolo della sua valigia. Lo scoprirà quando arriverà a destinazione.

IDEA # 34

Per il compleanno del tuo partner, compra 24 rose rosse. Incontrala davanti ad un negozio, in un centro commerciale per esempio. Sii il primo ad arrivare al luogo dell'incontro e assicurati che lei non possa vederti quando arriva.

Quando la tua ragazza è arrivata e ti sta aspettando, chiedi alla prima persona che passa se vuole farti un favore. Dagli una rosa, mostragli il tuo partner e chiedigli di consegnare la rosa e di dire "Buon compleanno Meagan". Fai lo stesso con altre undici persone. Scegli persone di diverso aspetto ed età. Idealmente, l'ultima rosa dovrebbe essere data da un bambino, anche se accompagnato dai genitori.

Dopo che le dodici rose sono state date a lei, puoi farti avanti e darle le tue rimanenti dodici rose.

IDEA # 35

Ascolta sempre attentamente quando la tua partner parla dei suoi ricordi e prendi nota delle informazioni che senti. Per esempio, quando la tua amica ti racconta del suo gelato preferito che poteva trovare solo in questo o quel negozio quando era bambina.

Per un'occasione speciale, scegli qualcosa dalla tua lista di cui il tuo partner ti ha parlato e trovalo, lo renderà felice per esempio mangiare un gelato del negozio della sua infanzia.

IDEA # 36

Prendi delle foto di voi due in posti diversi, aggiungi i biglietti dei posti che avete visitato insieme e qualche gingillo o souvenir.

Prendi tutti questi oggetti e fagli fare un montaggio artistico tridimensionale da un professionista.

Se no, fallo da solo.

IDEA # 37

Compra una piccola scatola di legno decorata. Trova una "vecchia" chiave e mettila nella scatola. Poi fallo incidere su una placca d'oro: la chiave del mio cuore.

Attacca la targhetta all'interno della scatola in modo che il messaggio possa essere letto quando la scatola viene aperta.

IDEA # 38

Compra un piccolo albero con il tuo partner e piantalo in un posto che ti piace.

Ogni anno, il giorno del tuo compleanno, bevi un bicchiere di champagne vicino al tuo albero e guarda come il tuo amore e il tuo albero sono cresciuti.

IDEA # 39

Se fai la doccia di prima mattina, potresti aver notato che lo specchio del bagno è ancora appannato. Scrivi un messaggio come "Pete ama Kathy" nella nebbia. Questo funziona anche sul parabrezza dell'auto quando fa freddo.

IDEA # 40

Ecco un regalo originale: dai il nome del tuo partner ad una stella. Molte agenzie permettono alle persone di dare il loro nome ad una stella e si riceve un documento ufficiale per autenticare questo atto.

IDEA # 41

Mentre sei in vacanza con il tuo partner, pianifica di alzarti molto presto una mattina per guardare l'alba in un luogo romantico.

Questo può sembrare difficile da implementare, ma alla fine vale davvero la pena farlo almeno una volta: assistere alla nascita di un nuovo giorno insieme è un momento davvero speciale da condividere con il tuo partner.

IDEA # 42

Se hai una vasca idromassaggio nel tuo bagno o nella tua stanza d'albergo, crea un'atmosfera romantica accendendo delle candele intorno ad essa e mettendo alcuni petali di rosa sulla superficie dell'acqua.

Mentre la tua partner si sta rilassando nella vasca da bagno, servile champagne e cioccolato prima di raggiungerla.

IDEA # 43

In una calda serata estiva, fai un picnic nel tuo giardino. Srotola la tovaglia per terra e mangia dei panini, della frutta... e bevi dello champagne.

Quando hai finito, puoi sdraiarti a terra e ammirare le stelle mano nella mano.

IDEA # 44

La prossima volta che piove molto forte, vai a fare una passeggiata con il tuo partner.

Dimentica il tuo ombrello.

Corri per le strade, salta le pozzanghere e inzuppati completamente.

Solleva la tua partner, falla girare e baciala sotto la pioggia. Assaggia l'acqua che scorre sul suo viso e tienila stretta.

Quando arrivi a casa, fai una bella doccia e poi condividi una bevanda calda, preferibilmente davanti al camino.

IDEA # 45

Organizza un giro a sorpresa in mongolfiera. Quando sei in volo, offri al tuo partner un bicchiere di champagne.

IDEA # 46

Quando la tua amica è seduta ad un tavolo o ad una scrivania, avvicinati delicatamente da dietro e massaggiale le spalle, il collo e la testa.

Finisci con un tenero bacio sul collo.

IDEA # 47

In un giorno normale, metti un annuncio sul giornale che dice, per esempio:

Amanda cara, con te al mio fianco, è San Valentino ogni giorno. Grazie per essere te. Ti amo. Peter

IDEA # 48

Compra un libro che tu e il tuo partner volete leggere. Leggilo tutto ogni sera a letto, ad alta voce, cambiando lettore ad ogni capitolo.

Questa è un'eccellente alternativa alle serate in TV.

IDEA # 49

Mentre la tua partner fa la doccia o il bagno, prendi la sua vestaglia e mettila nell'asciugatrice o su un termosifone.

Quando ha finito, avvolgila in questo caldo cappotto.

IDEA # 50

La prossima volta che ordini una pizza, chiedi una pizza a forma di cuore. La consegna sarà una piacevole sorpresa.

IDEA # 51

Compra una scatola di cioccolatini.

Ritaglia attentamente un lato della scatola in modo da poter mettere una nota d'amore all'interno.

Chiudi la scatola e dalla al tuo partner.

IDEA # 52

Noleggia un tandem e vai a fare un giro con il tuo partner.

Alla fine della corsa, fai un picnic nel parco.

IDEA # 53

Chiedi alla famiglia del tuo partner quale fosse il suo libro preferito quando era bambina.

Comprale una copia di questo libro e leggiglielo la sera prima che vada a dormire.

IDEA # 54

Invia un'e-mail al tuo partner con una storia. Puoi iniziare con:

Capitolo 1: "Questa è la storia di Pete e Kate che si sono incontrati alla festa di un amico in una bella notte d'estate...".

L'e-mail può continuare a sviluppare l'inizio di questa storia, sia dicendo la verità che trasformando questa verità in una storia d'amore.

Termina la tua email con: "e ora tocca a te scrivere il secondo capitolo..."

IDEA # 55

Compra un aquilone e fallo volare insieme in una giornata di vento.

Se te lo puoi permettere, scegli un modello grande che puoi controllare unendo le forze.

È ancora più divertente.

IDEA # 56

Fai un video di viaggio nel tempo. Riprenditi fianco a fianco sul divano. Inizia il film dicendo: "È il 19 giugno 2005. Abbiamo deciso di fare questo video da guardare per il nostro 25° anniversario di matrimonio.

Poi parla a turno alla telecamera e racconta cosa provi per il tuo partner, perché lo ami e quali sono i tuoi piani. Quando hai finito, metti il filmato in una cassetta di sicurezza in banca e per il tuo 25° anniversario di matrimonio, potrai tornare indietro nel tempo per ricordare tutto ciò che hai condiviso.

IDEA # 57

Se sei in un luogo appartato, vicino a una spiaggia o a un lago e il tempo è caldo, improvvisa una nuotata con il tuo partner, anche se hai dimenticato i tuoi costumi da bagno!

IDEA # 58

Questa è una grande idea se sei lontano dal tuo partner per qualche giorno. Richiede un po' di preparazione ma ne vale la pena. Prendi l'abitudine di chattare con lei su internet alla stessa ora ogni sera mentre lei è via. Prenota il tuo biglietto per incontrarla senza dirle che stai venendo a trovarla.

Al solito orario del tuo incontro online, chiedi a uno dei tuoi amici di prendere il tuo posto dietro lo schermo usando i tuoi codici personali. Nel frattempo, aspetta dietro la porta del tuo amico. Chiama il tuo amico dal tuo cellulare e chiedigli di scrivere "Mi manchi molto, darei qualsiasi cosa per starti vicino e bussare alla tua porta".

Non appena ti dicono che hanno inviato il messaggio, bussa alla porta!

IDEA # 59

Passa un pomeriggio tranquillo con il tuo partner nella tua biblioteca locale, sfoglia gli scaffali, prenditi il tuo tempo e siediti sulle poltrone per iniziare a leggere.

IDEA # 60

Se te lo puoi permettere, affitta un'auto sportiva decapottabile per il fine settimana. Regala al tuo partner una lunga sciarpa bianca e occhiali da sole. Fai una passeggiata sulla spiaggia con la capote abbassata.

IDEA # 61

Vai a fare una passeggiata nel tardo pomeriggio lontano dalla città, in campagna. Quando il sole tramonta, accendi un grande fuoco con la legna che avete raccolto insieme. Siediti vicino al fuoco e guarda le braci volare via nella notte.

IDEA # 62

Porta il tuo partner ad un festival. A seconda dei tuoi gusti, puoi provarlo:

1) Festival del jazz

2) Festival della musica

3) Festival delle specialità culinarie

4) Festival del vino

IDEA # 63

Quando entrambi dovete uscire, prendi la tua macchina fotografica e aspetta che il tuo partner sia pronto.

Quando appare, fai finta di essere un fotografo professionista e scatta un sacco di foto con il tuo flash acceso.

Mentre fai le foto, bombardala di domande come se fosse un'attrice famosa e tu stessi cercando uno scoop per il tuo giornale.

Lo farai divertire e le tue foto saranno lì per ricordartelo.

IDEA # 64

Se la tua compagna è malata a casa, prendi un giorno di ferie per accudirla.

Guardate dei film, preparale una bella zuppa, coprila con una coperta calda e stai con lei.

IDEA # 65

Durante un pasto, chiedi al tuo partner di raccontarti qualcosa che ha sempre voluto fare.

In seguito, scrivi queste informazioni in modo da non dimenticarle e fai in modo che il sogno diventi realtà. Per esempio, se ha sempre voluto nuotare con i delfini, trova un parco acquatico dove questo è possibile e falle una sorpresa.

IDEA # 66

Vedete un film romantico. Compra popcorn, champagne, fragole e cioccolato. Preparati per una serata divertente...

IDEA # 67

Crea una copertina di rivista personalizzata per il tuo partner. Per farlo, trova una bella foto di lei e una copia di una rivista popolare.

Utilizzando un programma di editing o una tipografia, crea la copertina della tua rivista con il titolo:

"Le 30 donne più belle del 2005" e il tuo partner nella foto di prima pagina.

Dopo aver incollato questa copertina su una vera rivista, chiedi al tuo edicolante di mettere la tua rivista in una posizione prominente sul suo scaffale quando il tuo amico dovrebbe arrivare. Quando arriva, guardate insieme le riviste e fatele scoprire la "sua" prima pagina.

IDEA # 68

Riempi il bagagliaio della tua auto con palloncini ad elio. Vai in un posto romantico, preferibilmente in cima ad una collina, per una passeggiata.

Esci dall'auto e comportati come se fossi pronto ad iniziare la corsa. A questo punto, assicurati che la tua amica sia più vicina alla macchina di te e mandale le chiavi e chiedile di prendere il tuo jumper dal bagagliaio.

Quando aprirà il bagagliaio, tutti i palloncini voleranno via tranne uno che avrai legato all'auto e sul quale lei potrà leggere "Ti amo".

IDEA # 69

Per un'occasione speciale, fai stampare 2 magliette bianche con un cuore rosso e la parola "LOVE".

Per renderlo molto originale, metà del cuore e le lettere "LO" dovrebbero essere stampate sul lato sinistro della prima camicia e l'altra metà del cuore e le lettere "VE" sul lato destro della seconda camicia.

Quando camminerete fianco a fianco per strada, il cuore sarà completo e il messaggio rivelato.

IDEA # 70

In una calda giornata estiva, compra due grandi pistole ad acqua e portale con te in spiaggia.

Compilali e mandane uno al tuo amico. La lotta può iniziare.

IDEA # 71

Condividi il tuo cibo con il tuo partner. Quando mangi un buon piatto, mettigli una forchetta in bocca e digli: "devi provare questo".

Questo modo di condividere tutto ti renderà ancora più vicino al tuo amico e rafforzerà la vostra relazione.

IDEA # 72

Non aver paura di fare complimenti al tuo partner in pubblico.

Se sei nel mezzo di una discussione di cucina, per esempio, puoi scivolare nella conversazione "Kate fa il miglior arrosto del mondo". Stringile forte la mano mentre parli di lei.

IDEA # 73

Pianifica un giorno speciale di riposo per te stesso. Inizia con la colazione a letto, fai una passeggiata, fai shopping, fai una pausa in una sala da tè nel pomeriggio e finisci con una cena romantica in un ristorante.

IDEA # 74

Compra un "buono regalo" per un trattamento viso dall'estetista e daglielo con il messaggio: "voucher per un trattamento speciale per una persona speciale".

IDEA # 75

Invia un biglietto di ringraziamento al tuo partner.

Per esempio, un biglietto per ringraziare il tuo partner:

Cara Becky, stare con te fa una grande differenza, apprezzo molto il tuo aiuto e il tuo amore. Tim

IDEA # 76

Se hai dei bambini, fai in modo che i loro nonni si occupino di loro per il fine settimana.

Il venerdì sera, dì al tuo partner che il fine settimana è tuo e rivela tutte le cose che hai pianificato solo per voi due.

IDEA # 77

Trova l'hobby preferito del tuo partner e scegli un regalo che sia davvero utile per quell'attività.

Più specializzato è il regalo, maggiore è il suo impatto.

Non esitare ad utilizzare tutti i mezzi a tua disposizione per ottenere informazioni (famiglia, amici, Internet...).

IDEA # 78

Il giovedì, chiedi alla tua partner di fare la valigia per il fine settimana.

Dille che avrà bisogno di vestiti comodi e scarpe da passeggio ma non dirle della vostra destinazione.

Il venerdì sera, incontrala dopo il lavoro e accompagnala in un tranquillo hotel in campagna dove passerete un weekend romantico e rilassante.

IDEA # 79

Una sera, quando siete entrambi a casa in pace, prendi un foglio di carta e disegnaci sopra una sfera di cristallo.

Chiedi alla tua partner di guardare nella sfera di cristallo e di dirti cosa vede per voi due tra 5 anni.

Fai lo stesso e discuti i tuoi piani e il tuo futuro insieme.

IDEA # 80

Trova un soprannome dolce per il tuo partner. Potrebbe essere qualcosa che i suoi genitori hanno chiamato quando era piccola, o potrebbe essere qualcosa solo tra voi due.

IDEA # 81

Porta il tuo partner in una destinazione speciale dopo averlo bendato.

Prova a farle una sorpresa reale e imprevedibile, come una tavola pronta per un pasto in cima a una collina, o una cena su una barca di un'altra epoca.

È importante che ciò che hai preparato le dia uno shock quando si toglie la benda.

IDEA # 82

Fai una grande battaglia di cuscini. Compra 2 cuscini riempiti di piume. Fai qualche strappo nei cuscini in modo che le piume volino fuori e si diffondano ovunque al culmine della lotta.

Milton Keynes UK
Ingram Content Group UK Ltd.
UKHW011834210624
444498UK00001B/117